BEYROUTH ET DAMAS

DU MÊME AUTEUR

Les Pyrénées 2e édition, 1 vol. in-18.

Une semaine en Istrie, 1 vol. in-18.

BEYROUTH

ET

DAMAS

PAR

Le Comte de PERROCHEL

LE MANS

TYPOGRAPHIE EDMOND MONNOYER

BEYROUTH ET DAMAS

I

BEYROUTH.

Il faut se presser de voir l'Orient. La civilisation européenne déborde de ses anciennes limites. L'invasion se fait, elle s'accélère; elle pénètre partout.

L'Asie commence à être entamée. Il
doit se hâter, celui qui aime les anciennes coutumes, qui recherche les vieilles
mœurs, qui veut étudier chez un peuple les traits caractéristiques de sa
nationalité et de sa religion. En Orient,
comme partout, il est grand temps de
recueillir ce qui reste et d'examiner ce
qui va disparaître.

Assurément le changement sera plus
grand à la surface qu'au fond. Les peuples se modifient lentement sous l'action
graduelle des siècles. Les Orientaux
surtout garderont avec ténacité leurs
idées et leur dogme. Ce qui tend à se
transformer, c'est leur physionomie
plutôt que leur cœur. La disparition des vieux costumes, le nouvel

aménagement des habitations, l'ali-
gnement des rues, l'introduction des
voitures, des canapés et des cafés-
concerts : voilà les principaux bienfaits
qu'ils emprunteront à notre civilisation.
L'Oriental abandonnera le narghileh
pour le cigare, les représentations de
Karagueuz pour les pochades d'Offen-
bach, les chants d'Antar pour les
refrains de Thérésa, le kouffieh pour le
chapeau, les divans pour les fauteuils,
et le pilau pour le rôti. L'Asiatique tend
à devenir un Européen endimanché.

Beyrouth est une cité cosmopolite où
les étrangers abondent. La civilisation
y est assez répandue pour avoir effacé
la couleur locale, et trop peu développée
pour avoir apporté les agréments d'une

ville d'Occident. Le passé est parti, mais l'avenir n'est pas encore venu.

C'est de Beyrouth pourtant que date ma première impression vive de l'Orient, car c'est vraiment en Syrie que la nature et le soleil commencent à vous éblouir de leur magnificence.

Un peu au-dessus de la ville, des sables mouvants s'étendent sur un vaste espace. C'est de ce côté que je dirigeai mes pas. Après avoir longé quelque temps le rivage et traversé des champs où s'alignaient les mûriers et les orangers, je m'engageai à travers les dunes. A mesure que je m'avançais sur l'arène onduleuse, un paysage immense se développait, et, après l'ascension du plus haut monticule, l'horizon tout entier m'apparut.

Je laissais aller mes regards et mes rêveries. Les larmes vous montent aux yeux et la prière vous vient aux lèvres en face de ces sublimes paysages, où tant de beautés semées, tant de splendeurs rayonnantes vous rappellent sans cesse le Dieu invisible. Il est présent, il est partout. Il parle par tous les accents de la nature, par tous les traits de ce tableau. A qui sait les écouter et les comprendre, tous ces bruits, tous ces murmures, le vent qui passe, l'oiseau qui gazouille, la cascade qui tombe, la mer qui écume, tout cela est une adoration et un hymne. Toutes ces voix répètent le même nom sur un ton divers ; la parole de cette musique divine, le mot unique, c'est : Hosannah !

Dieu se met à la portée de tous ; il se manifeste aux petits comme aux grands, aux ignorants comme aux sages. Seuls, les élus et les prophètes peuvent avoir avec le Tout-Puissant de ces colloques sublimes où l'avenir se dévoile, où l'Éternel apparaît. Tout homme ne peut monter sur le Sinaï, mais tout le monde peut se recueillir quelque temps et apercevoir la main divine dans l'ouvrage qu'elle a créé.

Telles étaient mes pensées, dans l'éblouissement de mes regards et l'émotion de mon âme. Je ne me lassais pas de la vision splendide. J'essayais de la graver dans ma mémoire assez profondément pour qu'elle devînt ineffaçable et que je pusse désormais, sous tous les climats et dans tous les pays, la contempler dans mes souvenirs.

Autour de moi, des sables aux collines mouvantes, aux teintes jaunes ou rouges ; la surface poudreuse s'étendait au loin, légèrement rayée dans le même sens, comme ces rides que fait la brise sur l'eau d'un étang. Des traces de pas se montraient dans la poussière remuée. Tout près, les dernières maisons de Beyrouth apparaissaient ; la masse de la ville se cachait derrière les dunes ; on n'apercevait que les dernières habitations, semées au milieu des jardins, éparpillées dans les champs, comme ces groupes d'éclaireurs qui se détachent du gros d'une armée. Les touffes de cactus alignaient leurs haies bizarres : les palmiers s'élevaient; les oliviers et les orangers mêlaient leur verdure. Au bord du golfe, après Beyrouth, les arbres et les villas faisaient pointer l'extrémité de leurs panaches et de leurs toits au-dessus de la raie jaune des sables. Ceux-ci s'étendaient et se déroulaient jusqu'aux falaises qui forment la fin du cap. Les plages et les rochers se succédaient au bord de la mer.

Celle-ci était d'une sérénité infinie. Ses teintes, d'un bleu clair, charmaient par la grâce de leur azur tendre. Ses flots sommeillaient ; quelques petites vagues, expirant mollement sur la grève, indiquaient seules le mouvement éternel de l'Océan. Les rayons du

soleil se jouaient sur sa surface assoupie
où passaient les barques, où se posaient
les mouettes. Cette vue de la mer n'éveil-
lait que des idées douces : on oubliait
vis-à-vis d'elle la pensée de son infini ;
elle semblait un beau lac dont on
n'apercevait pas les rivages. On ne son-
geait pas à dire avec le roi prophète :
Ecce mare magnum. Devant la chose
la plus sublime de la création, on se
rappelait seulement que l'on en voyait la
plus délicieuse, et le charme du tableau
en effaçait presque la grandeur.

De l'autre côté des sables, le bois de
pins de l'émir Fahardin, profilait sa
masse sombre. Plus loin, les oliviers
se pressaient, la lumière ruisselait sur
leur verdure claire, et la plaine, à la

végétation variée, formait un tapis aux riches reflets

Mais ce qui donnait à l'horizon son vrai caractère, c'était la chaîne du Liban, haute, majestueuse, dentelée, merveilleuse au regard dans son immense étendue.

Au nord on apercevait le promontoire de Tripoli, au sud celui de Saïda. La pointe de Beyrouth, située à pareille distance des deux caps, séparait le paysage en deux parties égales. Les sommets dessinaient la majesté variée de leurs lignes, tantôt s'élevant par cimes isolées, tantôt se profilant par longues terrasses; des gorges, des ravins profonds se creusaient le long des flancs et y formaient de grandes ombres. Des forêts de pins tachetaient les mamelons, où s'échelonnaient de nombreux villages ; les maisons blanches rayonnaient par traînées ; les masses carrées des monastères se posaient sur les hauteurs ; les pentes s'abaissaient dans la plaine ou dans la mer par ondulations pittoresques. Au nord, les cimes avaient des couleurs claires ; en face, leur robe était plus foncée ; du côté de Saïd, elles s'estompaient dans la brume, et l'on n'apercevait aucun détail dans leurs silhouettes indécises.

Le soleil se couchait. Les montagnes, alors, dans toute leur étendue, ont resplendi de lueurs écarlates, comme embrasées des reflets d'un incendie. Partout des tons de pourpre, des teintes

rouges, des nuances cramoisies. Quelques légers nuages couraient au-dessus
des crêtes, comme la fumée d'un volcan.
L'apparition magique a duré quelques
instants, puis l'ombre a graduellement
envahi les pentes. Toute la chaîne était
déjà dans l'obscurité, que des rayons
roses se jouaient encore sur les cimes
de l'Amana et du Sannin.

Le soir est, en Orient, l'heure la plus
favorable aux effets de lumière en même
temps que la plus propice aux impressions rêveuses. Toute la journée, la
chaleur brûle et calcine. Les flèches
d'Apollon ne sont pas une métaphore
sous ce climat, et leurs pointes y sont
ouvent mortelles. La bête qui souffres
s'oppose à l'extase de l'autre. Mais la

fraîcheur vient avec le coucher du soleil. Tout renaît et tout respire. Le corps se trouve aussi bien que l'âme. Il est impossible de dépeindre le charme de ces heures. On reste longtemps, en silence, à contempler cette robe étincelante des montagnes, qui se diaprent et chatoient, ces horizons qui s'illuminent avant de disparaître, ces paysages qui resplendissent avant de s'effacer. On se sent vivre et l'on s'écoute penser. Chaque pulsation est un bonheur et chaque regard une volupté.

A la vue de l'éclat de ce ciel et de la beauté de ce climat, on conçoit les images et l'exubérance de la littérature orientale. Dans ces heureuses contrées, l'imagination des hommes s'est comme

imbibée de lumière et de couleur. Le
style est devenu étincelant, comme les
horizons. La richesse et la splendeur
des teintes naturelles a pénétré l'esprit
des hommes et a donné de l'éclat à leurs
chants. Un Arabe, qui vit sous la tente
et qui galope dans le désert, a souvent
dans le cœur plus de poésie vraie qu'un
de ceux que l'Occident appelle de grands
poëtes.

———

A Rat-Beyrouth, il y a, près de l'extrémité du cap, des rochers aux formes
variées ; quelques-uns s'allongent en
petites terrasses plates, polies par l'é-
cume, et aux pans sculptés en stalactites
brunes. C'est mon passe-temps de voir

la vague les recouvrir, puis rejaillir en ruisselant comme une mousse de vin de Champagne.

D'un côté, j'ai les dunes de sables derrière lesquelles le soleil se couche ; de l'autre, le panorama du Liban. Les montagnes sont à la distance qui convient. Plus près, elles seraient trop accentuées; plus loin, elles ne seraient plus qu'un nuage. C'est une distraction continue pour les yeux, quand on vague à Rat-Beyrouth, que la vue de cette chaîne admirable, à la beauté toujours renouvelée, aux tons qui changent sans cesse, aux reflets que chaque minute varie. Je regarde les caps aigus où la mer écume, les petites anses recourbées, les maisons aux toits plats et aux lucarnes rondes. Déjà les orangers et les pommiers sont en fleurs et livrent leur arome à la brise. Parfois un naturel s'assied, comme moi, sur un rocher et joue de sa flûte de roseau. Sa chanson, monotone et bizarre, m'arrive à travers le bruit de la vague. Sur la route, les enfants jouent. Des Maronites passent sur leurs chevaux à la housse rouge, à la bride ornée d'argent. Quelques voiles égayent la nappe bleue. Dans ces flâneries pittoresques, les journées coulent rapides. Il ne faut qu'un peu de poésie et de soleil pour être heureux.

J'ai assisté à une noce maronite. La mariée, soutenue par deux de ses parentes, est apparue, le visage soigneusement couvert. Beaucoup de femmes l'accompagnaient, en dansant et en poussant des cris aigus. Richement vêtues de robes de soie voyante, enveloppées dans leurs voiles blancs, elles formaient des groupes pleins de grâce. en s'avançant par les sentiers étroits, où glissait la lumière ardente, à travers les grandes feuilles des cactus. Les prêtres attendaient à la maison nuptiale. A l'arrivée de la fiancée, les cris ont redoublé ; on se lançait de petites dragées blanches ; on s'aspergeait d'eau de rose. La bénédiction finie, les réjouissances ont commencé. D'abord les chants. Ils débutent par une intonation perçante et suraiguë, se continuent par

une mélopée monotone; un autre cri,
où l'on fait trembler la voix, les termine. On improvisait des hymnes en
l'honneur des personnes présentes. Je
me faisais traduire ce que l'on disait, et
j'étais surpris de l'originalité et du
charme réel de quelques-unes de ces
strophes. L'imagination, ici, est naturel-
lement brillante et chaude. Elle se co-
lore et s'empourpre. Les figures lyriques
éclosent par gerbes spontanées. Le
moindre homme du peuple, en Orient,
commet, dans sa vie, plus de métapho-
res que le plus imagé de nos poëtes.

Mélancolie, que me veux-tu? Tu es
donc de tous les pays et de tous les cli-

mats? Tu t'éveilles aussi bien aux rayons
du soleil qu'aux rayons de la lune, dans
l'éclat de la lumière que dans la blan-
cheur des brouillards. Le cœur ne
change pas parce que le corps se promène. Nous emportons partout le far-
deau de nos douleurs et de nos misères,
lourd bagage, quoiqu'il ne coûte rien
de transport et passe inaperçu aux
douanes. Les excursions pittoresques,
les vagues lumineuses, la nature étincelante, c'est une belle vignette qui vous
amuse un instant; cela distrait et ne
guérit pas. Vos regards s'étendent sur
cette vaste chaîne; ils admirent les villages étagés sur les pentes, les ravins
où l'ombre s'amasse, les terrasses plan-
tées de mûriers et de vignes, qui mon-

tent par échelons, tout près des cimes ; ils glissent sur la mer bleue : ils contemplent tous ces petits golfes, ces anses et ces caps, ces rochers et ces grèves. Mais après? On ne peut pas vivre que par les yeux. Il n'y a pas ici-bas que la lumière, la couleur et l'éclat. Après ces excursions en dehors de vous-même, après ces fugues et ces fantasias, ces écoles buissonnières de poésie et de pittoresque, il faut bien rentrer à la maison, c'est-à-dire dans votre âme. Là, vous retrouvez la compagnie habituelle, les vieux chagrins, les anciennes amertumes, mauvaises gens qui vous attendent, qui s'occupent peu de reflets et de rayons, qui vous punissent de les avoir oubliées et d'avoir goûté quelque distraction. Vous retombez sous leur griffe, comme Socrate, en revenant chez lui, retrouvait Xantippe et son eau de rose. Heureux encore si, dans votre course après la joie, vous avez vu un instant sa lueur incertaine et passagère, et si, de votre vaine excursion, vous ne ramenez pas un ou deux hôtes nouveaux pour garnir la maison et compléter le cercle !

A mesure que la jeunesse fuit, on comprend mieux le grand sens du proverbe antique, Γνῶθι σεαυτόν. De tous les voyages, le plus profitable est celui de son âme. Le sujet est assez vaste pour occuper. Il y a tant de détours à connaître, tant de replis à fouiller. Notre âme, c'est une région inconnue, où bien peu s'aventurent, où il y a toujours à découvrir.

Ce n'est pas trop de toute notre vie pour parcourir cette curieuse contrée, y établir un bon gouvernement, apaiser les révoltes, prévenir les émeutes, balayer les fanges et féconder les déserts. L'œuvre est chrétienne et méritoire. Bien peu s'y livrent. Tel qui a exploré le monde n'a jamais visité son âme.

Montons une dernière fois sur notre terrasse et secouons ce marasme dont je ne fais pas habitude. Voyons encore cette belle chaîne, si limpide, si nette, que les fenêtres des monastères s'aperçoivent, que tous les détails des ravins apparaissent, que l'on distingue jus-

qu'aux dômes des pins, aux dentelures
des rochers et aux rayures de leurs
blocs. Regardons les maisons blanches,
accolées par groupes, les orangers, les
nopals, les cafés arabes, les petits sanc-
tuaires, tout cela se dessinant sur les
vagues bleues. Prolongeons le charme
de ces instants. Ces heures nonchalantes
ne sont pas perdues. On profite de ces
flâneries oisives. On fait provision
d'idées et d'images à rêver dans quelque anse silencieuse, à écouter murmu-
rer le flot, à voir passer les barques et
les mouettes.

Plus d'une fois, de retour sous mon
ciel gris, au coin de mon feu, pendant
que la bise siffle et que la pluie fouette
les vitres, je songerai avec regret à mes

journées de Beyrouth, à ces couchers
de soleil vus de ma terrasse, à mes pro-
menades dans les sentiers bordés de
cactus, tandis qu'à mes pieds, la colline,
semée de cabanes et de jardins, descend
jusqu'au rivage, et qu'une teinte écla-
tante, enflammée, dans laquelle se pro-
filent les palmiers et les caroubiers, se
prolonge et s'embrase, aux dunes écarlates et sur la mer.

Ce soir, au moment où le soleil allait
disparaître, un point éblouissant a paru
à l'Orient; la lune s'est dégagée peu à
peu, son disque a émergé au-dessus des
montagnes et s'est élevé lentement dans
le ciel, comme s'il quittait à regret les
belles crêtes sur lesquelles il s'était, un
moment, posé. Ses blanches lueurs glis-

saient sur la mer, d'où se retiraient les feux du jour.

L'éclat mourant du soleil se confondait dans la splendeur naissante de cette aurore. La lumière d'or et la lumière d'argent unissaient leurs rayons pour en baigner la terre et les flots; et, aux deux bouts de l'horizon, les deux astres jumeaux, mêlant leurs clartés fraternelles, ont semblé s'arrêter un instant pour se saluer et se sourire.

II

DE BEYROUTH A DAMAS.

Un des plus grands efforts de la civilisation en Syrie, c'est la belle route tracée entre Beyrouth et Damas par une compagnie française que dirige M. de Perthuis. Il fallait autrefois trois jours pour se rendre d'une ville à l'autre. Maintenant quatorze heures suffisent.

Nous partons aux premières blan-
cheurs de l'aube. Malgré l'heure mati-
nale, la route n'est pas déserte. Les
ouvriers passent déjà, pour aller com-
mencer à Beyrouth leur journée pénible.
Quelques cafés, aux toits plats, soutenus
par une arcade, sont posés au bord du
chemin. A droite, le grand bois de pins
de l'émir Fahardin dessine, dans la
demi-obscurité du crépuscule, sa masse
sombre, et la multitude infinie des
troncs élancés apparaît confusément
sous les dômes touffus.

Nous commençons à nous élever sur
le flanc des montagnes. Le jour vient.
L'horizon s'éclaire et s'agrandit. Les
hauts sommets se dentellent dans le
ciel rose. Grâce à la pureté et à la trans-

parence de l'air, les crêtes les plus éloignées semblent toutes proches. Des
villages et des monastères se montrent
sur les premiers cônes et, quelquefois,
près des dernières cimes. Sur les pentes
raides s'échelonnent et s'étagent sans
fin, comme les degrés d'un immense
escalier, de petites terrasses où croissent des vignes et des mûriers. Bien
bas, de profondes vallées serpentent et
se recourbent. Elles forment de gracieux replis, de fraîches retraites, où le
tapis de la végétation luxuriante récrée
et repose le regard.

Derrière nous, les croupes du Liban
descendent vers la mer. Beyrouth, inon-
dé de soleil, apparaît sur ses collines,
auprès des flots, entre le vaste bois de

pins et la surface pourpre des sables.
Des rayons courent et se jouent sur
l'immense miroir d'azur, et la nappe
resplendissante scintille par places de
traînées lumineuses.

Quelquefois, nous passons entre des
mamelons nus, aux rochers brisés. Souvent au haut de ces collines, semblables
à des squelettes décharnés, dont les os
eux-mêmes se rompent, vous apercevez
des amas de petites pierres superposées. Cela servait à indiquer le chemin. Avant la création de la grande
route qui relie maintenant Beyrouth et
Damas, on marchait à travers les blocs.
Ces petits poteaux désignaient aux voyageurs les passages les plus usités.

Les touristes, maintenant, vont par le

nouveau chemin. Mais l'ancien sentier reste le plus fréquenté. Les Arabes le suivent toujours pour éviter le droit de péage, et un peu aussi par esprit de routine. Évidemment, la facilité des voies de communication leur est très-indifférente et ne mérite pas, à leurs yeux, le sacrifice de la moindre piécette. C'est un étrange spectacle que celui de tous ces hommes poussant devant eux, à travers les rochers, de longues files d'ânes et de chameaux, et marchant à quelques pas de la route, en évitant soigneusement d'y mettre le pied.

Nous arrivons enfin au point culminant du col. Nous jetons un dernier regard sur Beyrouth, qui n'est plus qu'une tache blanche près de la mer, et nous commençons à descendre le versant opposé de la chaîne.

Ce qu'il y a de charmant dans les montagnes, ce sont ces changements subits de décors. Il n'y a pas de transition. Les chevaux donnent un dernier temps de galop. La diligence fait un dernier tour de roue. Un horizon disparaît et un autre soudain le remplace. A l'Opéra, le sifflet du machiniste est moins prompt.

Nous arrivons rapidement à la grande plaine de la B'Kâ, et nous déjeunons au petit hameau de Storee.

La B'Kâ s'allonge sur un immense espace, entre les deux chaînes parallèles du Liban et de l'Anti-Liban. Il faut plusieurs heures pour la traverser dans sa largeur et plusieurs journées pour la franchir dans sa longuenr. Le sol y est d'une fertilité prodigieuse. Pourtant, il reste inculte. C'est un étrange contraste. Naguère, près des dernières cimes de la montagne, nous admirions les tenaces efforts qui avaient fait pousser la vigne et le mûrier sur les croupes stériles. Que d'obstacles à vaincre ! Que de labeurs et de persévérance ! Et, ici, il n'y aurait qu'à se baisser. Cette terre féconde ne demande qu'à porter des moissons et à récompenser au centuple le travailleur. Il faudrait si peu de fatigue dans cette riche plaine, et, là-haut, il faut tant de sueurs ! Mais l'explication de ce fait est facile : il n'y a pas ici de sécurité pour le laboureur. Exposé sans

cesse aux rapines et aux incursions des
Bédouins, il dépenserait en vain son
temps et sa peine. Ce spectacle affligeant
n'est pas rare en Turquie. Le gouvernement y est à la fois faible et oppressif.
D'énormes ressources naturelles se per-
dent ainsi, et la Syrie, merveilleusement
douée par la nature, ne peut jouir d'aucun de ses bienfaits.

Puis l'on chemine longtemps dans les
étroits défilés de l'Anti-Liban. Enfin les
montagnes s'éloignent, et nous entrons
dans la plaine de Damas. Nous y voyons
des Bédouins lancer leurs chevaux dans
une brillante fantasia à la poursuite des
gazelles.

La journée avait été brûlante. Le soleil
nous avait poursuivis dans la plaine de

la B'Kâ, dans les gorges de l'Anti-Liban, dans l'entonnoir du Djaïdi, cuisant, ardent, implacable, averse continue de flèches lancinantes. La poussière nous avait étouffés, tandis que les tons rutilants du paysage nous aveuglaient.

Et, tout d'un coup, sans transition, à cette aridité, à ce désert nu, à cette magnificence crue des teintes chaudes succède le plus riant des paysages. Les peupliers alignent leurs rideaux. Les noyers, les figuiers, les amandiers s'entremêlent. La fusée des maïs jaillit dans les champs La verdure claire des oliviers s'argente dans les jardins. Des vaches au pelage roux broutent auprès des eaux. Le Barada se replie, se contourne, courant entre deux rangées de

saules. Les sources vives suintent des
rochers et tombent par filets entre les
réseaux de lianes.

Par une opposition frappante, les
montagnes restent nues. Leurs flancs
roussâtres, aux parois percées de tombeaux, contrastent avec les teintes vertes
et fraîches de la vallée.

A un dernier détour du chemin, nous
apercevons des maisons au badigeon
varié, des tours carrées, des mosquées
qui arrondissent leurs coupoles. C'est
Damas, El Sham, la porte de La Mecque,
la ville sainte, qui a conservé intacte sa
physionomie orientale. La route est
pleine d'animation. Les Bédouins nous
effleurent en courant sur leurs cavales
rapides. Les ulémas, à la longue barbe,

passent sur leurs ânes blancs. Du haut
des minarets, le muezzin prolonge son
chant aigu et sonore, et notre arrivée
dans la cité des khalifes est une scène
des *Mille et une Nuits.*

III

DAMAS. — VUE GÉNÉRALE.

Autrefois, il était presque impossible aux Européens de pénétrer dans Damas. Il fallait se déguiser, se répandre en *képhadrack* et en *salamalekoum*, et malheur à ceux qui étaient reconnus à leur type ou à leur accent. Les giaours étaient exclus de l'enceinte sacrée. Nul d'entre eux ne devait souiller de son souffle l'air des musulmans et profaner de l'empreinte de son pied le chemin des sectateurs d'Allah.

Aujourd'hui tout est modifié. L'habit d'Occident est connu et respecté.

Les étrangers se promènent fièrement dans ces rues et ces bazars où, jadis, leur présence eût soulevé instantanément l'indignation populaire.

Ce changement remonte à peu d'années. Il est dû à bien des causes. Ce serait une grave erreur de compter le nombre dans la diminution du fanatisme et le progrès de la tolérance chez les musulmans. La jeune Turquie est un pur rêve de la diplomatie et un produit risqué de son imagination. Les disciples de Mahomet subissent la nécessité et souffrent ce qu'ils ne peuvent empêcher. Voilà tout.

Jusqu'en 1854, l'islamisme décrépit croyait encore à sa vigueur. Sans doute, en 1840, le trône des sultans avait failli crouler sous les coups de Méhémet-Ali. Mais le pacha d'Égypte était un croyant comme Mahmoud. Sa victoire n'entraînait pas la chute de la religion. C'était une simple révolution; quelques-uns disaient une transformation féconde. C'était une guerre civile au sein de l'Islam, et rien de plus. Le musulman pouvait encore nourrir ses rêves. Il pouvait croire du moins que nul n'était capable de ravir le sceptre du Grand Seigneur, sinon un fils du Prophète.

Après la guerre de Crimée, l'illusion était dissipée. Ce n'était pas seulement la Turquie, mais le Croissant, qui avait été à la veille de sa ruine. Il ne s'était plus agi uniquement de la disparition de la suprématie ottomane au profit de la prépondérance arabe. Ce qui avait failli être renversé, c'était Mahomet, autant que le sultan.

Honte suprême ! l'islamisme aurait succombé sous les coups des infidèles, si d'autres giaours ne l'avaient défendu ! Si les fortes épaules d'une portion de la chrétienté ne l'avaient pas étayé, l'édifice vermoulu d'Amurat et de Soliman se brisait en mille morceaux. En vain, pour caresser l'orgueil national, pour lui épargner des blessures cuisantes, les

ulémas et les mouchirs répétaient-ils
que les monarques d'Occident n'étaient
que les vassaux du Grand Seigneur, et
qu'ils étaient accourus sur l'ordre de la
Sublime Porte. On pouvait peut-être
donner quelque créance à ces fables
dans quelques villages d'Asie Mineure
ou du pachalik de Bagdad. Il était mal-
aisé de faire croire à la masse de la
nation que la puissance du sultan était
prépondérante en Occident, et que Londres et Paris reconnaissaient sa suze-
raineté. Nos officiers avaient peu l'air de
tributaires, et nos soldats de vassaux. Il
y a des faits qui parlent assez clairement et assez haut par eux-mêmes pour
rendre toute équivoque impossible au
bon sens des peuples.

La guerre de Crimée a été pour les Turcs un de ces traits de lumière. Malgré leurs préjugés et leur ignorance, ils y ont vu deux choses, blessantes pour le présent, menaçantes pour l'avenir, la supériorité des chrétiens et la décadence de l'islamisme.

L'influence de notre civilisation grandit rapidement en Orient, et surtout en Syrie. L'habit européen put se montrer dans les rues de la cité intolérante. Des négociants s'y établirent sous la protection des consuls. Mais le fanatisme n'était pas éteint. Damas demeurait un de ses foyers les plus ardents. Le massacre de 1860 en fut la sanglante preuve.

La lumière s'est faite aujourd'hui sur

cet événement lamentable. L'antipathie des musulmans pour les chrétiens ne suffit pas à l'expliquer. Si les assassins n'avaient pas reçu des encouragements, l'explosion n'eût pas éclaté. C'est de Constantinople qu'est parti le mot d'ordre. Les massacres de Damas, comme ceux du Liban, ont été froidement préparés et fomentés par les plus hauts personnages de la Porte. Jamais les Damasquins et les Druses ne se seraient lancés dans leur entreprise criminelle, si des insinuations perfides, quelques-uns disent des ordres formels, ne leur avaient fait croire que, par cette tuerie, ils exécutaient le désir et les volontés du gouvernement turc.

La répression, quoique insuffisante,

causa une émotion immense parmi les musulmans. On les récompensait étrangement. Après avoir été leur complice, le Divan se faisait leur bourreau. Non content de les abandonner au courroux des chrétiens, il devenait l'exécuteur des représailles. Il brisait les intruments dont il s'était servi. Fuad-Pacha, envoyé de la Sublime Porte, dont on pouvait nier la moralité politique, mais non l'astucieuse habileté, s'empressa de faire pendre ou étrangler les principaux fonctionnaires qui avaient été dans le secret, entre autres les pachas de Damas et de Deir-Kammar. Leur mort lui parut la meilleure garantie contre des révélations compromettantes. Il fit vite. Les diplomates d'Occident allaient arriver. On ne se borna pas aux pendaisons. Les musulmans durent payer aux chrétiens une forte indemnité. Le Coran enseigne que *tuer les giaours est une action méritoire,* et celui qui est chargé, dans ce monde, de faire respecter les prescriptions du Prophète, punissait de fortes amendes et condamnait au gibet les trop zélés observateurs de ses préceptes.

Les massacres de 1860 ont-ils été la dernière explosion du fanatisme musulman? Damas reverra-t-il encore de pareilles scènes? La *penderie* a-t-elle été suffisante, et la leçon aura-t-elle profité? L'avenir nous l'apprendra. Quoi qu'il en soit, la conséquence de ces faits sinistres a été, en Syrie, l'agrandissement de l'influence européenne.

2·

Au lendemain de 1860, nous avons eu heureusement pour consul à Damas, pendant six ans, un homme plein de prudence et d'énergie. M. Hecquart, dont la fin prématurée a été un deuil pour tous les chrétiens de Syrie, avait su, par la fermeté de son caractère et le charme de ses qualités personnelles, faire craindre et respecter la Croix et la France. Aucun poste n'était plus difficile à occuper que le sien, surtout dans un pareil moment. La façon honnête et patriotique dont il a rempli ses fonctions mérite à sa vie les éloges, et à sa mort les regrets de son pays.

Nous pouvons, en toute sécurité, parcourir Damas, à la barbe des santons et des *hadjis*. Examinons d'abord l'hôtel où nous sommes descendus. C'est celui de Dimitri Kara. Il nous offre un heureux assemblage de pittoresque et de confort. Il a une cour intérieure, dallée en marbre blanc, avec des jets d'eau, des massifs de grenadiers et d'orangers. Aux deux extrémités, des portiques, où le soleil ne pénètre pas, forment des salons en plein air, avec divan et coussins. C'est un agréable endroit pour aspirer la fraîcheur, faire la sieste et fumer le narghileh.

Notre première visite est pour la grande mosquée. Elle est curieuse, et a été longtemps inaccessible. Quand l'entrée d'un monument vous est interdite, l'imagination se monte. Derrière ces murs que vous ne pouvez franchir, vous placez des splendeurs et des merveilles sans nombre, une décoration féerique, toutes les fantaisies de l'art, toute la finesse des arabesques. Pour avoir une haute idée d'un édifice, rien de tel que de n'avoir pu y pénétrer.

Nous voyons d'abord une vaste cour dallée, ornée d'une fontaine et de deux tombeaux de santons. Elle forme un parallélogramme dont la mosquée occupe un des grands côtés. Sur les trois autres faces se développe une longue suite d'arcades, qui supporte une galerie supérieure. Elles sont soutenues, tantôt par de gros piliers carrés, en pierre blanche; parfois elles s'appuient sur des colonnes antiques, en marbre ou en porphyre, aux chapiteaux corinthiens délicatement ciselés.

Puis nous pénétrons dans l'édifice. Si l'on a la permission de le parcourir, on n'a pas encore la faculté de l'examiner. Nous le traversons rapidement, à la suite du *cawas*, tandis que les croyants accroupis interrompent un instant leurs génuflexions pour nous regarder de travers.

C'est évidemment une ancienne église chrétienne. Sa forme allongée, ses trois nefs, ses transepts le prouvent suffisamment. La coupole est belle. Les arcs en plein cintre, appuyés sur des colonnes antiques, présentent une perspective grandiose.

Des vitraux s'illuminent aux croisées et aux travées latérales. Des plaques de marbre blanc, rouge ou noir, forment

en bas des murs un revêtement bariolé.
De grosses poutres soutiennent les toits
triangulaires. Des restaurations mala-
droites ont enlevé l'ancienne décoration
partout, excepté dans les transepts. Là,
seulement, les plafonds ont conservé
leurs curieuses peintures et les tons
chauds de leurs fresques. Dans tout le
reste de l'édifice s'étale un badigeon
vulgaire, aux teintes criardes.

Nous parcourons ensuite une enfilade
de chambres, réservées aux ulémas et
aux muftis. Dans l'une d'elles, nous
voyons une balustrade d'ébène, sur-
montée d'un petit baldaquin à rideaux
verts. Cet endroit est saint. Pour y
entrer, on ôte ses babouches. Là, est
renfermée une relique que les musul-

mans disent être la tête de saint Jean-
Baptiste. Ce martyr est très-vénéré dans
leur culte. Pour eux, comme pour nous,
saint Jean est le précurseur de Jésus.

Nous montons sur le minaret de la
Fiancée (Medinet-el-Arous). C'est un des
plus antiques qui existent en Orient.
Il date du règne du sultan Whakil. La
cité des khalifes a déchu depuis cette
époque. Elle a perdu, en partie, sa
richesse et son éclat. Pourtant sa physionomie orientale est toujours frappante, et nous restons longtemps à la
contempler du balcon du minaret.

Damas étend de tous côtés le fouillis
de ses maisons aux toits plats, éclairés
d'éblouissants reflets. Les riches teintes
du soleil font oublier que presque toutes

ces demeures ne sont qu'un crépi de paille et de terre. Des arcades courbent leur ogive au-dessus des rues. Celles-ci se croisent, serpentent, se replient, se rencontrent, se séparent, et forment un dédale à l'enchevêtrement inextricable. De toutes parts, les dômes paraissent, les coupoles s'arrondissent, les minarets surgissent : quelques-uns décorés artistement, avec une silhouette ouvragée, des balustrades découpées à jour ; d'autres élevant leurs flèches sans ornement et la mince tige de leur tourelle.

A nos pieds s'allonge la vaste cour de la mosquée, où passent les dévots, où les mendiants s'accroupissent sur les dalles de marbre. En face est le fronton de l'édifice, sa façade, la longue enfilade de ses fenêtres. Deux minarets s'élancent à chaque extrémité. Le plus élégant d'aspect et le plus gracieux d'architecture est le *Medinet-el-Gharbieh*. Il est de forme octogone et à plusieurs étages qui vont se rétrécissant jusqu'au sommet. Des galeries, à balustrades ciselées, tournent le long de sa tige, que surmonte une collerette ouvragée, comme le bord d'un vase sculpté. Plus haut encore, une petite colonne qui se recourbe en lignes concaves, comme le col gracieux d'une amphore et qui se termine par un bouton ovale. Ce bijou de la fantaisie arabe atteste la finesse et le bon goût de l'art, au temps des khalifes.

Tout près de la grande mosquée, les innombrables galeries du bazar couvrent

un vaste espace. Au commencement de
leurs allées, couvertes de toits triangulaires, on voit les débris d'un arc de
triomphe romain. Une moitié du fronton
existe encore; les colonnes cannelées,
aux chapiteaux corinthiens, apparaissent
intactes, avec les chauds reflets dont
les a colorées le soleil. Ces ruines antiques au milieu de toutes ces maisons
récentes, produisent un heureux contraste. La vieille Rome a étendu jusqu'ici son bras, et après tant de siècles,
on devine encore sa puissance à la
solidité grandiose des monuments
qu'elle a construits.

Du point élevé qui nous sert d'obser-
vatoire, le regard plonge dans les cours
intérieures des maisons. Tandis que la

lumière étincelante inonde les toits, où
les enfants jouent, en bas, dans les
ruelles pleines d'ombre, on voit vaquer
les Bédouins, aux *kouffiehs* jaunes, aux
abayés blanches et noires, et les femmes,
voilées de blanc, pareilles à des fan-
tômes.

Les esclaves passent constamment
sur les escaliers de bois, qui s'accolent
le long des façades bariolées de badi-
geons variés, aux grandes raies horizon-
tales. Ils vont puiser l'eau, qui jaillit en
filets, ou dort dans les vasques de marbre,
à l'abri des orangers, des citronniers ou
des myrtes. Sur les places s'élèvent de
hauts peupliers et d'immenses platanes.
Dans toute l'étendue de la cité, les
jardins parsèment leurs îlots de ver-

dure, et reposent le regard de la douceur de leurs teintes fraîches. Les pointes effilées des minarets, les coupoles des mosquées, les petits dômes mamelonnés des bains rompent l'uniformité des terrasses plates. La forteresse étale les tons bronzés de ses pierres et sa couronne de machicoulis, à demi cachée par les arbres. Le quartier d'El-Meddin se détache de la ville, et allonge dans la campagne la traînée longue et mince de ses maisons, comme une rivière qui sort d'un lac. Le faubourg de Salayèh se dessine au pied des montagnes, avec ses cimetières où reluit la multitude des tombes.

Autour de Damas, les vergers, les bois, les jardins forment à la grande

cité une large ceinture verte, et couvrent
la plaine de leur végétation luxuriante.
Les oliviers s'alignent dans les champs.
Les abricotiers, les figuiers, les noyers
entremêlent leurs touffes ondoyantes.
Les saules et les frênes se pressent en
massifs touffus, sur les bords du Barada.
On dirait le paradis terrestre. On ne se
figure pas autrement les vastes oasis où
nos premiers parents erraient, inno-
cents et libres, exempts de soucis et de
misères. On se plaît à regarder cette
forêt immense, la diversité de ces tiges,
la variété de ces feuillages. On se dit
que la terre n'a pas de plus riche
tapis et que, nulle part, elle ne prodigue
avec plus de profusion le luxe de sa
fécondité et l'exubérance de ses dons.

A l'ouest, du côté de Sabayeh, les montagnes sont tout près. Une déchirure profonde, entre leurs flancs, indique la gorge pittoresque qui mène à la plaine de Damas. Plus loin, l'Anti-Liban prolonge ses crêtes, et Gebel-Cheik s'élève, énorme et grandiose. Ces belles cimes semblent nager dans la lumière, et leurs profils se détachent avec une infinie pureté. Leurs formes se dessinent si limpides et si transparentes, qu'on les dirait prêtes à s'évanouir, comme des esquisses qu'un souffle peut effacer. On ne se figure pas, en Occident, ces silhouettes si légères, aux lignes nuancées, aux couleurs si tendres, apparitions gracieuses et charmantes qui courent au bord du ciel.

Au nord, les montagnes s'éloignent et se rapetissent. Des collines se groupent, si éloignées qu'on les aperçoit à peine, et qu'elles se confondraient avec l'azur, sans la teinte plus vaporeuse de leur robe bleuâtre. De ce côté c'est le désert, l'immense surface nue où errent les Bédouins, où vaguent les tribus nomades, où les hommes, semblables à ceux des premiers temps, vivent sans autre abri qu'une tente, sans autres biens que leurs armes et leurs troupeaux.

IV

LE BAZAR.

C'est dans les bazars que se concentre toute la vie des cités orientales. Sans doute l'on y vend et l'on y achète, mais on s'y promène surtout. A chaque instant, les flots de la population s'y renouvellent. Restez-y une journée, et vous aurez vu défiler sous vos yeux toute la ville.

Le bazar de Damas est immense. Ses longues galeries, aux toits triangulaires, se prolongent sur plusieurs rangs, bordées par une longue suite de boutiques. Celles-ci se succèdent sans fin, cases étroites, sortes de petites niches où les marchands se tiennent accroupis au milieu de leurs ballots. Quelques-unes, aux planches peintes, ont un fronton de bois sculpté. Mais un pareil luxe est rare. Le commerçant oriental n'a nul souci de l'étalage. Il ne songe pas à attirer les chalands par l'éclat des devantures. D'immenses richesses sont enfouies parfois dans les plus chétives échoppes. Quand on est millionnaire, on n'a garde de le montrer.

Les étoffes variées, de laine ou de soie,

d'indienne ou de coton, les *kouffiehs*, aux couleurs éclatantes, avec la multitude enchevêtrée de leurs glands; les rubans, les épices, les armes, les coffres en marqueterie; les *machhahs* en poil de chameau artistement tissé; les *abayés* piquées d'arabesques; les coquetiers en filigrane d'or où d'argent; les souliers, les babouches en maroquin rouge ou jaune; les tapis aux reflets chatoyants; les toques voyantes à la bordure de sequins, tout cela remplit les boutiques, s'entasse en monceaux, s'empile en désordre dans les cases. Plus loin, ce sont des manuscrits poudreux, aux reliures moisies, des plats antiques aux ciselures en relief, des vestes de velours brodé, des tuyaux de narghileh, des tiges de chibouque, en cerisier ou en jasmin, recouvertes de soie pailletée d'or, de riches fourrures, au poil fin, aux duvets moelleux ; plus loin encore, des fruits, raisins, coloquintes, bananes, tomates, chapelets d'olives, grenades à la peau écarlate, entr'ouvertes et montrant la fraîcheur appétissante de leurs grains roses.

Souvent des bains rompent l'uniformité de la longue file des échoppes. Une porte de granit courbe élégamment ses rebords sculptés. On aperçoit dans la salle d'entrée, aux murs décorés de vieilles faïences bleues, des baigneurs étendus sur les divans, dégustant, les yeux à demi-fermés, leur tasse de moka, ou aspirant à longues bouffées la fumée du narghileh, dans toute la béatitude du kief.

Tout près, des ateliers où une foule d'ouvriers travaillent devant leur établi. Des khans ouvrent leurs cours rondes, au dallage de marbre ou de granit. Les principaux négociants ont là leurs bureaux. Le plus beau de ces édifices est celui de Hassad-pacha. Il a pour entrée une haute arcade ogivale, ornée de rinceaux, de colonnettes aux torsades ciselées, d'arabesques et de versets du Koran. Les murs sont formés d'assises superposées de marbre noir et blanc. Quatre gros piliers soutiennent les arcs des coupoles. Plusieurs de ces dômes se sont effondrés; au lieu de les reconstruire, on les a remplacés par des toits triangulaires, comme ceux du bazar. Ainsi s'en vont peu à peu les splendeurs de l'ancien Damas. On ne hâte pas leur chute, mais on laisse faire au temps, sans essayer de réparer ses ruines et de prévenir ses ravages.

Ce qui est le principal attrait du bazar, c'est la population variée qui se presse dans ses allées. Les Turcs, avec le turban ou le fez, une longue pelisse, une large ceinture ; les *papas*, aux longs cheveux et à la robe noire ; les Grecs, à l'élégant caftan, à la chemisette blanche, aux chaînes et aux breloques d'or, aux larges pantalons bouffants ; les soldats ottomans, habillés comme les nôtres, sales et manquant de linge ; les hommes du peuple, vêtus de cotonnade bleue ;

4.

les enfants à la petite jupe ramagée, les
derviches mendiants, aux yeux hagards,
aux visages bronzés, à la longue che-
velure éparse, déguenillés, grisés de
haschich, à peine couverts de quelques
loques pouilleuses; des nègres puants,
à la tête crépue, à la face bestiale, aux
joues couturées de balafres; des Bédouins
noblement drapés dans leurs manteaux,
la tête et le cou abrités par un *kouffieh*
aux tons bigarrés, serré autour du front
par une corde en poil de chameau. Puis,
les femmes turques, complétement enveloppées dans des plis de percale blanche,
le visage entièrement couvert d'un voile
épais; les chrétiennes aux corsages
voyants, à la robe de velours brodé ou
de soie chatoyante; les Bédouines,

serrées à la taille, tête nue, la lèvre inférieure tatouée en bleu, vraies filles du désert, agiles et farouches comme ses gazelles. De longues files de chameaux, chargés de fardeaux énormes, balancent leurs cous au-dessus de la foule. Des ânes gris ou blancs, vifs et rapides, suivis de leur conducteur qui les excite d'un cri guttural, galopent à travers les allées. Des marchands ambulants passent sans cesse, les uns portant sur la tête des plateaux couverts de gâteaux et de raisins, les autres tenant sur l'épaule une grande carafe, pleine d'une liqueur brune au jus de réglisse. Il y a, dans les flots variés de cette population, dans ces groupes qui se forment et se dispersent sans relâche,

dans la diversité infinie de ces types,
de ces figures et de ces attitudes, dans
cette succession continue d'aspects
nouveaux et étranges, un attrait puissant qui retient et captive longtemps
le voyageur, fasciné et ravi de tant
de couleur locale, de tous ces tableaux
et de toutes ces scènes où se révèle
au vif la merveilleuse originalité de
l'Orient.

Les Bédouins surtout vous plaisent à
examiner. Ils ont une noblesse singulière
dans la physionomie et dans les traits,
une dignité naturelle dans le geste et
la marche. Souvent repoussants, l'œil
fauve, le regard ardent, la lèvre dédai-
gneuse, ils ne sont jamais vulgaires. Ils
se pressent en foule dans les rues de

Damas. C'est leur point de contact avec la civilisation. Placée sur la limite du désert, cette ville sert d'entrepôt à toutes ces tribus errantes, répandues dans les vastes solitudes qui s'étendent jusqu'à Bagdad.

La vue de ces hommes éveille en vous avec force toute sorte d'images bibliques. Après tant de siècles, tant de révolutions parmi les peuples, tant de civilisations qui ont brillé et disparu, ils sont restés les mêmes. Inaccessibles au changement, obstinés dans leurs coutumes, ils mènent la même vie qu'au temps d'Ismaël. Si l'on veut se faire une idée de ce qu'étaient physiquement les hommes de la Bible, regardons ces nomades! Il faut chercher les traits et le type des patriarches parmi ceux qui ont gardé leurs mœurs.

Vers l'*Asr*, le bazar commence à se désemplir. Les marchands ferment leurs boutiques. La foule des chalands et des promeneurs s'écoule lentement. Le soir, ces longues galeries sont absolument désertes. On aperçoit à peine de loin en loin quelques passants attardés. La traînée lumineuse de leurs falots déplace dans l'ombre épaisse son sillon mobile. L'on n'entend plus que le cri des veilleurs de nuit et le hurlement lugubre des chiens faméliques.

V

FLANERIES.

Promenons-nous au hasard à travers
Damas! Flâner à l'aventure, c'est le
meilleur moyen de voir. La ville forme
un dédale de rues, de passages, d'im-
passes, de places et de carrefours. Souvent les maisons, aux toits qui s'allongent, à l'étalage qui surplombe, soutenu

par un nombre infini de poutrelles,
joignent presque leurs fenêtres grillées,
des deux côtés des ruelles. Les portes,
étroites et basses, où une entrée plus
petite encore est pratiquée, ont fré-
quemment des sculptures découpées et
mirodées, des marteaux en fer ciselé et
ouvragé, qui sont de curieuses pièces
d'orfévrerie. On chemine entre des
façades peintes, où le badigeon est
tombé par places, sans autre horizon
que quelques murs crevassés, quelques
lucarnes treillissées. Soudain, derrière
cette voûte sombre et humide où vous
vous engagez, vous apercevez une vaste
place, ruisselante de soleil, avec de
hauts peupliers et des platanes sécu-
laires. A leur ombre, les ânes et les

âniers attendent. La foule bariolée forme ses groupes pittoresques, et les vieux Turcs, à barbe blanche, fument nonchalamment sous les arcades des cafés.

De petits bazars sont répandus dans les différents quartiers. Pour garantir du soleil, les panneaux des devantures sont soulevés par des barreaux. Des toiles et des nattes, trouées et rapiécées, flottent au-dessus des allées et forment une tente contre la chaleur trop vive. Malgré ce frêle abri, la lumière jaillit capricieusement. Elle pénètre par toutes les fentes. Elle tombe ici sur l'étal d'un boucher, là dans l'échoppe d'un marchand de fruits.

On avance : les rues se croisent, s'entremêlent, se contournent, s'amincis-
sent, ombragées parfois par des vignes
folles aux festons pendants. Les carrefours se suivent; les murs se succèdent,
lézardés, salis, fendillés ; les portes ont
des auvents qui surplombent et d'antiques peintures qui s'écaillent. Le soir,
les cafés se remplissent. Des groupes se
forment sur les divans des cours intérieures ou sous la galerie des arcades.
Des paysans, à la robe trouée, font
voluptueusement leur *kief.* Leurs soucis
se dissipent, comme la fumée légère que
l'air emporte. Les impôts, les coups, la
misère, les corvées, le *moudir*, ils
oublient tout, tandis qu'ils dégustent à
petits traits le moka brûlant et que l'eau

bouillonne aux flancs du narghileh. La
nuit tombe ; l'ombre s'épaissit sous les
voûtes, et le *toumbeki*, qui se consume
dans les tiges embrasées des chibouques, jette par instants dans l'obscurité
l'éclair de ses lueurs pourpres.

———

Le faubourg d'El-Meddin mérite une
visite. C'est une large artère, qui s'allonge sur un espace de près d'une lieue.
Cet aspect est unique à Damas, où,
d'ordinaire, les rues s'enchevêtrent dans
un fouillis inextricable. Une immense
circulation se fait sur cette voie. Des
khans innombrables bordent la rue.
Sous leurs voûtes, on voit des troupes
de chameaux qui se reposent, agitant

leurs longs cous, hurlant avec frénésie ou humant l'air de leurs grosses lèvres. A côté d'eux, les Bédoins font la sieste ou fument. Souvent de grands murs en mosaïque, décorés de marbres antiques, avec une porte d'entrée aux ornements en stalactite, rompent de leur belle architecture la file des khans et des boutiques. Ce sont des *tekkieks* de derviches. Quelques-uns sont surmontés de soutènements de coupoles, avec des fenêtres en plein cintre. Le dôme seul manque. Quelques mosquées apparaissent. A travers les grilles on aperçoit, dans la cour dallée, les croyants multiplier leurs prosternements ou faire leurs ablutions à la fontaine jaillissante. Une suite d'arcatelles élégantes forment un

péristyle à l'édifice, et, accolé à la coupole, un minaret, aux assises blanches
et noires, élève sa tige élancée. Puis les
boutiques reprennent. Beaucoup de
bouchers. Des quartiers de chevreau ou
de mouton pendent, saignants, aux
devantures, et un essaim de mouches
voraces tourbillonne autour des vian-
des crues. Des forgerons, la poitrine
noire et la figure rougie, travaillent et
martellent près de leurs fourneaux. Des
ouvriers cardent et battent le coton avec
un arc dont ils font vibrer la corde. Des
meubles à la marqueterie fine, charmant produit de l'industrie locale, déco-
rent les magasins. Parfois, des rassem-
blements se forment. C'est une rixe
entre des hommes ou des enfants. Les

Damasquins ont le sang chaud, la lan-
gue bien affilée et le bras prompt au
pugilat. La différence de race et de
religion rend ces querelles fréquentes.
Les chrétiens sont nombreux dans ce
faubourg, qui, avec sa rue unique et
allongée, forme comme un bras au
corps de la grande cité.

Il vient quelquefois à Damas des ba-
ladins d'Europe. Un jour, en flânant
dans une rue, à l'extrémité de la ville,
j'aperçus une toile comme il y en a dans
nos foires. Cela représentait un malheu-
reux faisant le saut périlleux au-dessus
des baïonnettes, dans le nuage de pou-
dre des fusils. Ce tableau fantastique

ébahissait les passants et attirait la foule.
J'entrai, par badauderie. Je ne décrirai
pas les exercices. La voltige sur les chevaux n'a eu aucun succès. Chacun en
aurait fait autant, dans ce pays où tout
le monde est parfait cavalier. Les dan-
ses sur la corde, par contre, ont beaucoup plu. Les spectatrices m'intéres-
saient plus que le spectacle. Sur les es-
trades étaient assises, en grand nombre,
des femmes arméniennes ou grecques,
quelques-unes très-jolies. La coquetterie
ne manque pas à ces dames. Elles ont
mille manières d'arranger leur coiffure,
de se voiler à demi, tantôt montrant la
bouche et le menton, tantôt ne laissant
voir que les yeux ; tout cela avec des
gestes piquants et des poses sémillantes.

Leur petit manége est perpétuel, et elles l'exécutent avec autant de vivacité que de grâce.

Le site était charmant. Des noyers, des figuiers, des platanes, plantés en désordre, répandaient une ombre épaisse. A travers leurs feuilles, on apercevait la flèche d'un minaret ou la terrasse d'une maison. Plusieurs ruisseaux, bordés d'un frais ruisseau de peupliers et de frênes, montraient leurs rubans moirés, et de petites cascatelles bondissaient légèrement à travers les haies d'épines. Le soleil se jouait entre les arbres.

Ici, ses rayons illuminaient le tronc d'un saule ; là, ils faisaient étinceler la verdure d'un olivier. La lumière glissait parmi les branches, ruisselait au

milieu des feuilles et irisait par places,
dans les fossés, le miroir de l'eau dor-
mante. Au fond était la route où l'on
voyait souvent, arrêtée curieusement
au bord du chemin, quelque femme
turque, blanche comme un fantôme
et immobile comme une statue.

Après avoir contemplé d'immenses
paysages, on aime à examiner ces coins
pittoresques, ces aspects rétrécis. La
nature présente ainsi de gracieux ré-
duits et de fraîches retraites. Tout chez
elle est parfait, les petits tableaux
comme les grandes toiles, les sites bor-
nés où le regard s'arrête comme les
horizons infinis où l'œil s'égare.

VI

VISITES.

Abd-el-Kader. — Lady Dighby. — La maison d'Ali-Bey. — Les Lazaristes.

L'émir a encore la barbe noire et l'œil vif. Bien pris, vigoureux, de taille moyenne, il supporte vaillamment les approches de la vieillesse. Il a conservé le costume algérien. Il comprend le français, mais il ne veut pas le parler. Les visites l'amusent peu. Avec les touristes, sa conversation est faite d'avance. Il ne se livre pas. Quelques phrases de politesse arabe, quelques fleurs de beau langage, et c'est tout.

Il ne sort un peu des paroles convenues que si on lui parle des Turcs. Il les traite fort durement, d'abord parce qu'il ne les aime guère, ensuite parce qu'il parle à des chrétiens.

Il n'a pas oublié que l'origine de sa grandeur et le secret de sa longue puissance en Afrique a été son prestige religieux. Sa piété, et surtout ses dehors, en imposent beaucoup aux Musulmans. Il est resté marabout. Il fréquente assidûment les mosquées et n'épargne pas ses génuflexions. Sa haute dévotion, jointe à la protection française, lui a donné à Damas une réelle influence.

Sa première résidence avait été Brousse. Il s'est vite lassé de ce pays turc. Il a préféré s'établir en Syrie, en terre arabe. La ville des Khalifes lui convenait mieux que celle des sultans. Son antipathie pour l'Osmanli est vive, et il ne la cache pas. Il excite, tant qu'il peut, la jalousie de la race soumise contre les conquérants. Il lui rappelle les glorieux exploits de ses pères, les chrétiens abaissés, les règnes brillants d'Abou-Bekr et d'Haroun-al-Raschid, l'islamisme s'étendant jusqu'en Espagne. Il montre que l'apogée de la religion date du temps de la prépondérance arabe et que la suprématie turque a amené la décadence du mahométisme. Les faits parlent bien haut en faveur de la thèse de l'émir. Le respect diminue envers le chef des croyants, et la discorde qui s'introduit entre les deux races est un nouveau ferment de dissolution pour l'empire.

Les Arabes font ce raisonnement, et Abd-el-Kader y aide : « Autrefois, quand nous étions les maitres, l'Islam était puissant et vigoureux. Chaque combat était un triomphe, chacun de nos pas une conquête. Nous avions une armée invincible, une architecture merveilleuse, une civilisation sans rivale. Nos écrivains et nos poètes valaient nos guerriers et nos capitaines. La vie s'épa-

nouissait partout ; l'abondance était
extrême ; nos villes étaient parées des
dépouilles du monde. Les Turcs sont
venus, et avec eux la misère et l'abais-
sement. La religion dépérit, la littérature est morte, la fortune publique a
disparu. Les impôts croissent en même
temps que notre pauvreté. A quoi sert
tout cet argent ? Qu'y gagne la foi si
le sultan se construit un palais de plus
sur le Bosphore ? On nous opprime, et
c'est nous qui sommes la source de l'islamisme, qui avons fait sa gloire et conservé ses traditions, qui peuplons La
Mecque et gardons la sainte Kaaba ;
c'est nous qui avons produit Mahomet.
Le Prophète n'est pas né dans les
maisons de Stamboul, mais dans les

sables de l'Arabie. Les Turcs n'exis-
taient pas, et Constantinople était chrétienne, quand l'envoyé d'Allah a com-
posé le Coran dans nos déserts. »

Malgré cette lassitude du gouvernement ottoman, qui gagne même les
musulmans, il est certain que la car-
rière politique d'Abd-el-Kader est ter-
minée. Un moment, après la réception
que la cour des Tuileries avait faite à
l'émir, et qui avait été marquée par
l'étrange exagération de son faste, on
put croire que Napoléon III lui gardait
un grand rôle en Syrie ou, du moins,
le tenait en réserve pour une des volte-
face de sa politique. A ce propos, on
attribuait à l'ex-empereur toute sorte de
projets magnifiques et desseins profonds,

par exception à la règle qui assure qu'on ne prête qu'aux riches. C'était l'heureux moment où les moindres faits et gestes de la cour des Tuileries excitaient une admiration mystérieuse, et où l'opinion publique, prenant un succès continu pour l'indice de plans longuement médités, voyait derrière tous ses actes une arrière-pensée de génie.

Cette belle combinaison a-t-elle occupé un instant l'esprit de Napoléon III ? L'émir a montré sans doute à Damas, lors des événements de 1860, de la générosité et du courage. Il ne faut pas oublier pourtant que sa position et son prestige le préservaient de tout danger, et qu'il n'a eu qu'à étendre le bras pour sauver quelques-uns de nos coreligionnaires. Les éloges et les décorations de l'Occident ont été, pour sa conduite, une récompense légitime, mais suffisante.

C'eût été un projet digne de l'empereur que de confier la défense de nos intérêts et la protection des chrétiens de Syrie à l'ancien ennemi de la France et au sectateur obstiné de l'Islam. Mais ne blâmons pas Napoléon III de ce qu'il aurait pu faire. Ce qu'il a fait suffit. Plût au ciel que toutes ses conceptions fussent demeurées, comme celle-ci, dans le monde des rêves !

Abd-el-Kader a deux fils. J'ai vu l'aîné, Mahi-el-Dinn. Laid, petit, vulgaire, l'œil éteint, il n'avait rien de la majesté paternelle. Il parlait le français assez purement. Il a depuis mal tourné. Il s'est rendu en Algérie, lors de la rébellion de 1871, a combattu avec les insurgés et a trouvé la mort dans leurs rangs. Son père l'a maudit dans les journaux. Il a assez de sagacité pour savoir que les révoltes de l'Afrique n'ont aucune chance de succès, et il tient avant tout à la pension que lui fait la France. Notre pays lui sert une rente annuelle de cent cinquante mille francs.

Malgré sa grande dévotion, il dépense peu en œuvres pies. Son train de maison est simple. Il nourrit maigrement ses anciens compagnons d'armes. Il place ses économies en biens – fonds. Chaque année, il achète des terres et des villages. Il s'entend à faire rentrer ses fermages. Il est dur avec ses tenanciers. Ceux-ci, sous sa férule, ne gagnent guère au change; ce qui est beaucoup dire au sortir de la domination ottomane. Abd-el-Kader est devenu avare. La passion de l'or grandit chez lui avec les années. Il amasse, il accumule, il thésaurise, et le héros algérien est en train de finir comme le père Grandet.

Il y a, à Damas, une célébrité d'un autre genre. C'est lady Dighby, la fameuse Janthe dont M. About a raconté, dans un des chapitres de la *Grèce contemporaine*, la vie aventureuse et accidentée. On sait combien, par ses mariages successifs, elle a donné d'ouvrage aux ministres protestants et de scandales à l'aristocratie anglaise. Elle a tâté de tous les hymens et de toutes les races. A l'approche de la vieillesse, ses goûts son devenus excentriques. A Athènes, elle avait vécu plusieurs années avec Hadji-Petros. Cela n'a pas suffi. On se lasse de tout, même des brigands. Son existence a été un roman. Elle y a ajouté une dernière page en épousant le Bédouin Midjwell.

La première fois que je l'ai rencontrée, c'était dans le bazar. Elle portait le costume de sa tribu. Complétement drapée dans les longs plis de ses voiles noirs, aux arabesques d'or, son costume faisait ressortir sa belle stature et sa haute taille. Cela produisait pourtant un étrange effet de voir ainsi vêtue la grande dame qui a son nom dans le *peerage*, et qui a commencé par être lady Ellenborough, femme du vice-roi des Indes.

J'ai dîné plusieurs fois avec elle à Salayeh, chez le capitaine Richard Burton, l'illustre voyageur anglais, alors consul à Damas. De loin, en dépit de son âge, elle produit encore de l'effet. Sa beauté, qui réside dans les traits, a longtemps résisté aux années. On se rappelle, à son aspect, l'épigramme de l'*Anthologie grecque* : « L'amour rit encore à travers ses rides. Infortuné, qui l'as vue toute jeune, quel incendie tu as traversé! »

On sent la grande dame, celle qui a été longtemps la reine du *high-life* euro-

péen. Elle parle le français sans accent,
et avec autant de facilité que de pureté.
Sa distinction n'a rien perdu au contact
des Bédouins. Sa conversation est spi-
rituelle. Elle s'anime, elle plaisante,
elle rit. « Mon cœur n'a toujours que
seize ans, » nous disait-elle. Quel malheur qu'il ne retarde que d'une cin-
quantaine d'années sur son corps.

Son dernier hymen a peu satisfait sa
famille, quelque habituée qu'elle fût à
ses fantaisies matrimoniales. On lui en
a voulu longtemps. Enfin, on lui a par-
donné, pensant que ce serait sa dernière fredaine, et pour cause. Plusieurs
de ses cousins, dans leurs pérégrina-
tions de Syrie, sont allés la voir ainsi
que Midjwell. Ils savent bien que celui-

ci ne viendra pas leur rendre leur politesse en Angleterre. Mme Dighby connaît le *cant* britannique. Elle a aban-
donné toute idée de retour. Damas
lui semble trop près de l'Europe et bien
exposé à l'invasion des touristes. Elle
songe à aller s'établir à Homs ou à
Hamah, vraies villes arabes s'il en fut, et
qui ne sont pas destinées à être de
sitôt des faubourgs de Londres.

Elle est devenue Bédouine dans l'âme.
Il n'y a qu'un sujet sur lequel elle n'entend pas raillerie, c'est son mari et sa
tribu. Elle est vaillante à les défendre.
M. Burton, qui sait son désert et qui
connaît les Bédouins, à l'exception de
Midjwell, aussi bien qu'elle, lui causait
une vive indignation par la peinture

peu flattée qu'il faisait des fils d'Ismaël. Elle n'était pas en retard de réponses et d'arguments. Elle vantait les mœurs, l'honnêteté, la dignité, le courage de sa tribu, racontant sur elle toute sorte de traits héroïques et d'anecdotes attendrissantes, et se livrant à une vraie apothéose. Elle faisait peu de prosélytes. Son amour conjugal est indubitable. Il se révélait assez clairement. On lui passait que Midjwell a toutes les qualités. Mais comment admettre qu'il eût toutes les vertus ?

Midjwell est un Bédouin du dernier rang. On ne l'appelle cheik que par courtoisie, par égard pour sa femme, et pour masquer la mésalliance. Petit, court, voûté, trapu, moricaud, il est

vulgaire et banal de geste et de tour-
nure, ce qui est rare chez un homme
des tribus. Jusqu'à ces derniers temps,
il avait la spécialité de conduire les
voyageurs à Palmyre. Tous ceux qu'il a
guidés ont pris bonne note de sa mauvaise foi et de sa friponnerie. Pour
épouser Mme Dighby, il a dû répudier
sa première femme, qu'il aimait beaucoup. Mais on ne trouve pas souvent une
Bédouine qui ait mille livres sterling de
rente. Il a, de son premier mariage,
deux enfants qu'élève l'ex-lady. Blancs,
bien tournés, l'œil noir, ils promettent
d'être charmants, à moins qu'en gran-
dissant ils ne viennent à ressembler
à leur père. Midjwell, au début de sa
nouvelle union, passait pour infidèle.

3..

On comprend qu'une femme de soixante
ans n'a rien qui puisse corriger un
Bédouin de la polygamie. Ses querelles
de ménage l'ont converti, dit-on. L'in-
différence que lui inspire son épouse
est compensée par le goût croissant
qu'il éprouve pour le *comfort* britannique et pour la cuisine anglaise.

Il nous restait à visiter une maison
damasquine. Une des plus curieuses et
des plus vastes est celle d'Ali-Bey. Le
propriétaire de ce palais est un riche
musulman. Le titre qu'on lui donne est
tout honorifique. Il n'aspire pas aux
fonctions publiques. Il fuit les faveurs
mobiles du sultan et évite soigneusement les dignités. C'est un philosophe
et un sage.

Les plus belles habitations de Damas
sont de chétive apparence. On aperçoit
de vilains murs, recrépis en terre, un
étage en encorbellement, avec des
fenêtres treillissées. Voilà tout. Pourquoi étaler son opulence? Et à quoi
bon indiquer sa richesse au passant,
qui peut être le collecteur? Aussi on
néglige la façade. L'extérieur est complétement sacrifié. Tout est réservé pour
le dedans. Il faut franchir le seuil de
ces maisons pour en voir les beautés
et, souvent, les magnificences.

Le palais d'Ali-Bey est presque une
ville. Nous entrons par la porte étroite,
et nous traversons d'abord un petit
préau, puis une cour, aux massifs
d'orangers. Le salon de réception est

séparé en deux parties par une arcade ogivale. Les visiteurs de situation inférieure restent dans la première portion de la pièce. Ceux d'un rang plus élevé gravissent la marche qui sépare les deux fractions de l'appartement et viennent s'accroupir sur les divans.

Les murs sont revêtus, presque en entier, d'une vieille boiserie, aux curieux dessins, aux teintes brunies. Les plafonds, aux quatre coins desquels se détachent des pendentifs, aux ornements en stalactites, sont une merveille, avec leurs panneaux ouvragés, leurs losanges en relief, leurs fleurs d'or, dans les caissons artistement fouillés. En face de la porte d'entrée est une autre arcade ogivale, en granit sculpté. Là sont réunis

les vases ciselés, les assiettes en por-
celaine de Chine, les yatagans et les
khandjars, en vieil acier de Damas, les
chibouques garnies de diamants, les
coffrets de marqueterie, les *caïlloums*,
les cassolettes, tous les colifichets pré-
cieux de l'Orient.

Nous traversons ensuite une immense
cour intérieure, avec des bassins d'eau
jaillissante, des oliviers, des orangers et
des citronniers, où les vignes s'enlacent
dans les branches touffues, des myrtes,
des soucis aux larges corolles jaunes.
De hautes constructions l'encadrent.
Sur l'un des côtés est un portique, à la
voûte peinte d'arabesques, au gracieux
fouillis de lignes capricieuses et de vives
couleurs. Cela fait un frais salon où

l'on se tient, pendant la chaleur du jour, près du murmure des eaux et du parfum des fleurs. Puis nous voyons une enfilade d'appartements, aux plafonds antiques, aux murs décorés de fresques ou d'une mosaïque de marbres variés.

Comme nous quittions cette demeure hospitalière et princière, où l'on pourrait placer les scènes féeriques des *Mille et une Nuits*, nous avons entrevu trois femmes du harem qui, à demi cachées derrière une porte, nous regardaient furtivement. Deux d'entre elles étaient des négresses. Mais la troisième était blanche ; et sa tête brune était charmante, avec le sourire malin de sa bouche, l'éclair brillant de ses yeux et le pur ovale de sa jolie figure.

A l'autre extrémité de la ville, dans le quartier chrétien, se trouvent le couvent et le collége des Lazaristes. Ils ont déjà plus de cent élèves. Leur ancienne maison a été brûlée en 1860, et la nouvelle est à peine achevée.

Les sœurs de charité ne sont pas encore revenues à Damas. La prudence de M. Étienne, l'ancien supérieur général des Lazaristes, s'était toujours opposée à leur retour. Elles sont remplacées, très-imparfaitement, par des institutrices arabes. Celles-ci ont beaucoup à faire pour diriger leurs deux cent cinquante élèves. Leur local est insuffisant. Les traces de l'incendie sont visibles encore dans les bâtiments incomplétement restaurés.

Le nombre des chrétiens a beaucoup diminué à Damas. Avant 1860, il s'élevait à environ quinze mille. Les Grecs schismatiques étaient à peu près six mille, et les Grecs catholiques en même quantité. Les Syriens, les Chaldéens, les Arméniens, les Maronites complétaient le chiffre de l'ensemble de leurs petites communautés. Depuis les massacres, le nombre des chrétiens a baissé de plus d'un tiers. On évalue à quatre ou cinq mille les victimes de cette affreuse tuerie. Beaucoup de familles ont quitté aussi cette ville fanatique et ont transporté leurs pénates à Beyrouth. Les Maronites, qui composaient à Damas un groupe d'environ cinq cents habitants, ont été les plus éprouvés. Ils ne sont plus que cent soixante-quinze. On compte aussi de quatre à cinq mille juifs. Les musulmans forment le reste de la population, dont le total peut s'élever à cent cinquante mille âmes.

Je suis monté sur la terrasse de l'établissement des Lazaristes. J'apercevais à mes pieds, dans la cour inondée de soleil, les enfants qui jouaient et s'amusaient, bruyants, capricieux, malins, comme tous les écoliers du monde. Tout autour, la vue était lugubre. Mes regards ne s'arrêtaient que sur des ruines. Le fanatisme et l'incendie avaient fait leur œuvre. Les murs, crevassés et noircis, montraient leurs pans délabrés. Les décombres s'accumulaient par monceaux. Les poutres calcinées s'entassaient sur les pierres. Quelques-unes de ces maisons avaient dû être belles. On distinguait des restes de plafonds peints à fresque, des voûtes, à moitié détruites, ornées de boiseries et de sculptures enfermées. Sur l'emplacement des vastes cours intérieures, aux dalles disjointes, des fontaines, aux vasques brisées, arrondissaient leurs bassins taris. Sur un vaste espace, le soleil n'éclairait que des débris. Pas une apparence de vie, pas un homme ne se montrait dans ces quartiers dévastés.

J'aurais voulu faire voir ce spectacle aux turcophiles. On se représentait à cet aspect ces trois journées de massacre, les assassins gorgés de sang, les monceaux de cadavres, les horreurs du meurtre et de l'incendie. Il y a eu des victimes dont le sort a été pire que la mort. Beaucoup de jeunes filles ont été enlevées et emmenées dans les tribus, où elles habitent sous la tente de quelque Bédouin. Épouses ou servantes de quelqu'un de ces sauvages, après une vie de souffrances et d'opprobre, leurs os blanchiront dans les sentiers du désert. Tristes captives dont la poésie ne s'occupera pas, et qui sont pourtant plus malheureuses que les Troyennes! Car les Midjwell ne valent pas les Pyrrhus.

Si je dirigeais mes regards un peu plus loin, je voyais les arbres des jardins et des vergers s'alignant autour de la ville, brillant des reflets les plus divers,

charmant les yeux par le désordre pittoresque de leurs lignes et la fraîcheur de
leurs teintes. Les grandes masses vertes
balançaient la houle mobile de leurs
feuillages. Les montagnes resplendis-
saient dans l'azur éblouissant. L'imagination, dans ce théâtre varié et splendide où le rêve s'égare, ne placerait
que des scènes de joie et de bonheur.
Rien d'émouvant comme ce contraste
de l'immortelle sérénité de la nature et
de l'invincible méchanceté des hommes.

Nul ne sait les desseins mystérieux de
Dieu. Il marche à son but par des voies
impénétrables.

L'influence chrétienne a grandi, en
Syrie, par ces flots de sang dans lesquels

on voulait l'éteindre. Ce ne sont pas les coups de poignard de quelques musulmans fanatiques qui peuvent retarder la chute de l'islamisme et le progrès de la vérité.

VII

SALAYÈH.

Le flot des touristes grossit à Damas.
Les Anglais y abondent, comme en
Suisse. A voir la composition de la table
d'hôte, on se croirait à Genève ou à
Lausanne. Ce sont les mêmes mylords
et les mêmes miss, les mêmes bandeaux
et les mêmes favoris en côtelettes. Je

suis très-gêné dans mon hôtel, qui n'est pas fait pour la cohue. Kara-Dimitri ressemble à tous les Orientaux, qui supportent la mauvaise fortune beaucoup mieux que la bonne. Il vient de recevoir un archiduc. Il attend demain la caravane de Cook. Le succès l'enivre. Vous accueillir est une grâce qu'il vous fait. Il ne reste plus qu'à le remercier de son aimable hospitalité. Devenu gouailleur, il s'est donné le plaisir de me dire, ce matin, qu'il me recevait pour l'honneur.

En ce moment, assis sur sa terrasse, il compte l'argent qu'on lui remet. Il se livre à son passe-temps en public. Il a peut-être des ennemis et il triomphe devant témoins. Les livres turques, les louis français, les guinées anglaises s'entassent dans son sac. Il considère avec ravissement la pile qui s'augmente, et fait les doux yeux à sa cassette.

Je commence à trouver, comme lady Dighby, que Damas est un quartier de Londres. Aussi je suis allé m'installer au faubourg de Salayèh, dans la maison d'un pacha qui n'en saura rien. J'ai donné un *bagchich* au concierge, et le haut fonctionnaire peut se figurer que sa maison est bien gardée.

Le pacha a raison d'être absent. Son habitation est un gracieux endroit. Je ne regrette pas Kara-Dimitri et je me félicite de l'aimable hospitalité du concierge.

A droite et à gauche, de petits bâtiments blanchis à la chaux, aux toits plats. Plus loin, un pavillon avec un grand escalier, et des auvents, peints à fresque, qui forment péristyle. Les poutres coloriées montrent leurs arabesques fantasques. Au rez-de-chaussée, un petit salon, aux nombreuses portes, au dallage de marbre blanc, orné d'une petite fontaine craquelée, à la vasque ruisselante. Accolée au pavillon, une *noria* tourne sans bruit et me berce de son murmure. L'eau jaillit partout et répand la fraîcheur de ses ruisseaux.

Dans le jardin, de larges tonnelles se prolongent, recouvertes de vignes naissantes. De petits myrtes poussent. De beaux iris étalent leur corolle bleue. Tout croît en désordre : orangers en fleurs, hauts peupliers qui s'élancent, frais grenadiers, néfliers du Japon, grands rosiers qui · s'arrondissent en dômes embaumés ou qui grimpent follement autour des arbres. Roses rouges ou roses blanches, roses trémières ou roses pompons ; c'est le royaume des roses.

Si je monte sur ma terrasse, je vois d'un côté les cimetières répandus au flanc de Djebel-Arbain, qui élève bien haut dans le ciel ses parois dorées. De l'autre, Damas s'étale, noyé dans la verdure de ses jardins.

Rien de gracieux, le matin, comme la foule de ces minarets, estompés à demi par la brume qui se dissipe.

Salayêh est situé au pied de la montagne. Vous n'avez que quelques pas à faire, une côte à monter parmi les tombes et les *turbés*, qui s'amoncellent le long des pentes nues. Le splendide aspect de Damas vous apparaît, avec son océan de maisons, de toits, de mosquées, de coupoles, de minarets, mêlés de jardins, et le long bras du faubourg d'El-Meddin qui se projette comme un cap effilé au travers de la verdure. Les quatre cercles de la ville, de l'oasis, du désert et des montagnes, se suivent et se succèdent. Au coucher du soleil, le panorama change subitement : l'ombre étend son voile, avec la promptitude de l'éclair, sur la plaine et la ville étincelante. Le changement de couleur est immédiat sur les lointains dorés. Le teintes écarlates se transforment en tons adoucis et bleuâtres. Les vagues de feu deviennent soudain des flots d'azur. Le Haouran étend sa chaîne dont la longue crête, aux différents étages, termine l'horizon. Le Ledjah prolonge la multitude de ses petites collines, aux formes de *tumulus*.

Entre les deux groupes de montagnes, la plaine court, toute plate. C'est le commencement du désert. Par cette issue, la pensée s'envole. C'est, pour moi, comme une porte entr'ouverte sur le pays des rêves.

VIII

SOUVENIRS RELIGIEUX.

**La rue Droite. — La maison d'Ananie. —
La conversion de saint Paul.**

La rue Droite occupe à peu près le
même emplacement que la *via Recta*
des Romains. On y retrouve souvent,
en creusant, des fûts de colonnes corin-
thiennes. Elle était jadis ornée de porti-

4*

ques. Elle traverse presque toute la ville,
de l'est à l'ouest. Les musulmans la nom-
ment *es-Soultani.* C'est là que demeura
saint Paul après sa conversion, là qu'Ananie lui imposa les mains et qu'il reçut le
baptême. (*Act. des Apôtr.*, ix, 11-17.)

Entre la rue Droite et le couvent des
Lazaristes se trouve la maison d'Ananie.
Petite chapelle souterraine, humble,
étroite, c'est un des monuments les plus
anciens de la foi naissante.

On sort par la porte *Bab-el-Charki.*
Elle est à plein cintre et de construction
romaine. Si l'on fait le tour des murs,
près de Kysan, on aperçoit une ouverture
ogivale dans les remparts. C'est par là
que ses disciples descendirent l'apôtre
pour le soustraire à la haine des juifs

(*II Corinth.*, xi, 33). Tout près, dans le cimetière des chrétiens, un rocher de forme allongée indique l'endroit de la conversion de saint Paul. Chaque année, les processions s'y rendent au jour anniversaire du miracle.

Pourtant, cet emplacement est peu conforme au texte de l'Écriture. Les Actes des Apôtres disent que le prodige eut lieu comme Saul approchait, et non comme il entrait dans Damas. Le verset sacré laisse beaucoup de latitude sur la distance.

Il ne faut pas oublier qu'en Orient les villes vous apparaissent plusieurs heures avant d'y arriver. Non loin du versant est de l'Anti-Liban, près des villages d'Artouz et de Djouniès, on a retrouvé

des vestiges de l'ancienne voie Romaine.
C'était assurément la grande route de
Jérusalem à Damas que l'apôtre suivait.
Elle avait une direction qui devait la
faire aboutir à la ville assez loin de la
place indiquée actuellement pour la
conversion de saint Paul.

C'est à quelques kilomètres de là,
dans la vaste plaine qui s'étend depuis
les dernières ondulations de l'Anti-
Liban jusqu'à Damas, qu'il faut chercher le lieu du prodige.

Au sortir de la ville, j'ai suivi longtemps des sentiers caillouteux. La chaleur était suffocante. Une poussière fine
et blanche s'élevait par tourbillons sous
les pieds de nos ânes. Parfois un noyer
ou un platane étendait ses grandes bran-

ches sur le chemin et offrait au passant un peu d'ombre, entremêlée de soleil.

De petits ruisseaux, bordés de cresson, couraient des deux côtés de la route. Dans les oliviers clair-semés sautillaient des écureuils au dos noir et au ventre blanc ; aussi légers qu'eux, des enfants nus gambadaient et bondissaient, sans souci de l'atmosphère embrasée. Des troupeaux de chèvres formaient comme des taches mobiles. Des moutons à la toison touffue, à l'énorme queue remplie de graisse, des chameaux au pelage fauve s'avançaient à travers la campagne. Des paysans étaient assis près de monceaux de maïs, et au-dessus d'eux, quelques jardins montraient leurs dômes de ver- dure, fraîche oasis de ce désert

Après Deïraya, j'eus soudain devant les yeux le spectacle que j'étais venu chercher.

Une grande plaine se déroulait devant moi, sèche et brûlée. A ma droite, les montagnes dorées, étincelantes, aux lignes légères, aux formes capricieuses, se dessinant avec une grâce infinie. Jamais je ne leur avais vu autant d'éclat. Des incendies de pourpre embrasaient les sommets. Tous les tons, le blanc, l'orangé, le violet, le rouge, l'or, se reflétaient sur leur robe chatoyante. Les teintes vives parfois se heurtaient, mais, le plus souvent, se fondaient par dégradations insensibles, se mélangeant et s'unissant, commes ces couleurs variées qui se marient dans le prisme de l'arcen-ciel. En face, l'Anti-Liban élevait ses cimes escarpées. De petites collines ondulaient à ses pieds. Sur l'une d'elles était placé le château de Koukaba. Plus près de Damas, sur une hauteur, les débris du prétendu tombeau d'Abel. A gauche courait une autre chaîne qui était dans l'ombre, et la pauvreté de son vêtement sans éclat contrastait étrangement avec la parure éblouissante des autres montagnes.

Voilà le théâtre. Par sa majesté, sa solitude imposante, la grandeur de ses horizons, il convient bien à la scène qui s'y est passée, à l'événement divin qui a tant marqué dans les origines du christianisme.

Il y a plus de dix-huit siècles, un guerrier fougueux traversait cette plaine, la menace à la bouche, le cœur gonflé de haine, le bras prêt à frapper. Furieux de voir chanceler l'autel vermoulu des anciens dieux, cet homme parcourait la Palestine et la Syrie pour ranimer les adeptes du paganisme et châtier ses adversaires. Ceux-ci, depuis longtemps, avaient appris à connaître son âme, fermée à tout sentiment de pitié. Ses verges ne se lassaient jamais de flageller les adorateurs du Christ. Aussi, ce jour-là, les chrétiens de Damas priaient, réunis en secret dans leurs églises cachées. Saul approchait. Sa venue annonçait le commencement des supplices, et les disciples de la vérité se préparaient à en être bientôt les martyrs.

Soudain une nouvelle étrange, incroyable, merveilleuse, pénétra jusqu'à eux : « Saul veut être chrétien ! Saul demande le baptème ! »

Dieu avait fait un miracle. Cette vaste plaine que je contemple est celle où l'apôtre est tombé, haletant, frémissant de crainte, foudroyé par l'accent impérieux de la voix divine : « Saul, Saul, pourquoi me persécutes-tu ? »

Quelle conquête le christianisme naissant venait de faire ! Quelle âme et quel cœur il venait de gagner ! Il y a de ces figures si grandes que les humbles pinceaux doivent se garder d'essayer de les retracer. Je me contente, sans chercher à les peindre, d'admirer ces vertus, cette énergie, cette audace, cette vie qui n'a été qu'une longue course au service de Dieu ; ces Épîtres, sublimes accents de sa bouche inspirée, magnifiques épanchements de son dévouement et de son génie. Partout, sur son passage, les églises s'élèvent et les temples se vident. L'éloquence de Paul est comme un vent impétueux qui souffle sur les idoles, et les jette, brisées, en bas de leurs piédestaux. Les disciples accourent en foule, séduits par ces dogmes et ces préceptes, prêchés par une telle voix. Tous les peuples, toutes les cités, toutes les communautés naissantes reçoivent la visite de Paul. Le martyre enfin couronne cette grande vie, et le puissant athlète trouve dans la Ville éternelle le terme de ses travaux et sa suprême victoire.

Le prodige qui a transformé saint Paul est si bien attesté, que les libres penseurs ne peuvent nier le fait. Mais le miracle les choque. Il faut le supprimer et chercher une explication plausible. C'est difficile. Quelle raison donner à cette conversoin instantanée, foudroyante? M. Renan, l'homme aux explications ingénieuses, vient nous dire : « Eurèka! C'est bien simple, il faisait chaud. Saul était couvert d'un casque pesant et d'une lourde cuirasse. La fatigue l'avait épuisé. L'atmosphère embrasée lui a troublé le cerveau. Ce qu'on a pris pour une chute miraculeuse n'était qu'un coup de soleil. »

Mais, peut-on répondre, la richesse de votre imagination supplée ici au silence de l'histoire. Sur quelle preuve vous appuyez-vous ? Quel document inédit vous a appris que saint Paul fût si sujet aux insolations? Celle-ci vient bien à point pour vous ce jour-là.

Par une concession qui n'est pas petite, admettons le coup de soleil ! Le miracle en existe-t-il moins? Bizarre puissance d'une insolation de changer un ennemi de la vérité en apôtre, prêt à donner sa vie pour le Christ ! Si ce sont là ses effets, nous regrettons vivement que M. Renan n'en ait pas éprouvé une dans ses voyages. Vous figurez-vous un coup de soleil rendant M. Thiers plein de désintéressement, et M. Jules Favre rempli de déférence envers les actes de l'état civil ? Ces résultats seraient désirables. Pourtant, pour qu'ils aient lieu, il faut autre chose que les flèches d'or d'Apollon.

J'ai repris le chemin de Damas. Après une assez longue marche, le faubourg d'El-Meddin m'apparut avec le désordre de ses khans et de ses mosquées, la ligne de ses remparts, les teintes éblouissantes de l'amas de ses maisons. De nombreux cimetières se prolongent près des portes. Un soin pieux s'occupe des morts. Des bouquets, des branches de myrte sont placés sur les tombes pour embaumer le dernier sommeil des trépassés. Les sépulcres de santons élèvent en foule leurs coupoles aiguës.

L'entrée qui donne accès dans ce quartier s'appelle *Bawabet-Allah*, la porte de Dieu. Par là, chaque année, sort la caravane de La Mecque. C'est ce qui explique l'étendue des nécropoles. Les croyants considèrent que cette place est sacrée, et ils aiment à y reposer après leur mort, le visage tourné vers le tombeau du Prophète.

Mais, à plus juste titre que les musulmans, les chrétiens ont le droit de nommer Damas *El-Sam,* la sainte, puisque c'est auprès de ses murs que la foi naissante gagna pour sa défense le plus intrépide et le plus éloquent des apôtres.

Telles sont mes dernières impressions sur Damas. J'aime à les terminer par le grand nom de saint Paul.

FIN.

TABLE DES MATIÈRES

Le Mans. — Typ. Ed. Monnoyer. — Juillet 1875.

www.ingramcontent.com/pod-product-compliance
Lightning Source LLC
La Vergne TN
LVHW021828170726
843503LV00003B/873